فارس بلا مُهره

طارق التريري

Published by طارق التريري, 2022.

While every precaution has been taken in the preparation of this book, the publisher assumes no responsibility for errors or omissions, or for damages resulting from the use of the information contained herein.

فارس بلا مُهره

First edition. June 22, 2022.

ISBN: 979-8223119548

Written by طارق التريري.

فارس بلا مُهره
شهريار لم الحكايه
لا جديد
ماكبرتش ومش عايز اكبر
قادر ربك يفرجها
إبتلاء إن انتا مصري

Watch for more at tarqablog.blogspot.com.

لكُل مُحبي الشعر

كُلنا قاتلو انكسارو

كُلنا قاتلو انكسارو
وكُلنا مليان جراح
مهما بنحاول نداري
حُزننا وهم استباح
كُل مافي الروح ولسا
بيبتدي يضيق البراح
ثم ألف خريف بينهش
حلمنا ويكسر جناح
يوئد الأحلام يعربد
يملا كُل الكون صياح
واحنا ياالمصلوبه روحو
عُمر حلمو مامره باح
بالوعود أو قاللو مره
إبتسم أو فرح لاح
نغزل الأحلام ونُنفُض
غزلنا وننسج جراح
ثُم نتنهد ونهمِس
إمتى حيجينا الصباح
والجميع قاتلو انكسارو
وكُلنا المليان جراح
أرامل ترامب
عويل الأرامل
نحيب الولايا
ورُعب الثكاله
في كُل الزوايا
في وطني اللي دايماً
طريقو الغوايه
وعِشق اللي ظالم
ودفع الجبايه
وحاكمو الأرازل

وشِبه الولايا
نحيبهُم مطول
عديم النهايه
ف سيدهُم بتخلص
سنينو البغايا
وليلهُم ح يبدأ
وبايخه الحكايه
مابعد انكسارو
وبداية النهايه

الصمت

ما املكش غير الصمت
ثم اندهاش دايم
إزاي انا كملت
وقدرت أعيش حالم
رغم البُعاد ياشط
وانا في الغياب عايم
وعانيت كتير وعافرت
ومشيت كما النايم
باغزلني مية موال
وانا منتشي حالم
باستنى في اللي راح
يمكن يعود هايم

2020 يلا ف داهيه

سنه ملعونه ف ستين داهيه
فيكي ماشفنا ثانية خير
دُقنا الذُل كرهنا العيشه
شؤمك ياما وفقر كبير
والغلبان طالع دين أهلو
واللي معاه حوش بضمير
حتى ماطلع حتة لُقمه
وقال يتعشى ف مره فقير
جوعتينا وسمنتيهُم
عاشوا ودوستي علينا كتير
يلا ف داهيه إلهي مايرجع
منك ثانية ولا بتفكير

برطمان 2020

اتفرج ياسلام
واتعجب ياسلام
لكن ماتكونشي حالم
تتوقع من النظام
انو يبطل وساختو
ويعاملك ب احترام
ويسيبلك حتى نايب
شُغلانتو يادوب كلام
يدخُل ونقول مُعارض
مابيديش التمام
ودا طبعاً شئ يضايق
كُل عبيد النظام
يبقى الحل الطبيعي
في بلدنا بدون كلام
شُغلانه بسيطه جداً
متعودها النظام
يسقط ويجيبو غيرو
يركع يدي التمام
يُقعد جنب التنابله
ويحافظ ع النظام
يُبصُم على أي حاجه
ويعيش عيشة الحرام

ماتحلموش

يابلاد انا فيها ب احلم
البيت مايهدوهوش
واشحت تمنو لعلاجي
والبيه مايهمهوش
يدفع ملايين في نزوه
وكمان ما بتعجبوش
ف بيدفع تاني اكتر
ويزيد مايهمهوش
ماهو سهل يلاقي غيرها
وفلوسهم كالهاموش
يلاقوها ف أي حته
أبداً مابيغلبوش
من بودره ومن دعاره
وابداً ما بيختشوش
وكأن خلاص بلدهُم
واحنا بناخُد فاشوش
واوهام ان البلد دي لينا
وان الكروش
مره حناخُد حقوقنا منهُم
فما تحلموش

مدرستي القديمه

مدرستي القديمه
وصحابي الطيبين
ولا مية مليار زهايمر
ممُكن ياخدوني منهُم
ولامية مليون قصيده
مُمكن تغنيني عنهُم
أو يوم انسى الملامح
وبريق لمعة عيونهُم
مدرستي القديمه
واساتذه وفراشين
واحد واحد فاكرهُم
في القلب ممعششين
مهوس بالعشق ليهُم
دايماً وف كُل حين
وان صادفت شوفت واحد
منهُم ب انسى الرزين
الساكن فيا وارجع
طفل ومليان حنين
واجري واسلم وفاضل
إني أبوس الإيدين

كُلنا صاحب خطيئه

كُلنا صاحب خطيئه
وكُلنا مليان ذنوب
وانتا يارحمن وعالم
قد ايه عاشقين نتوب
بس يعني ساعات ياخُدنا
ضعفنا لإبليس لعوب
دُنيا وتزغلل عينينا
أو طمع يعمي القلوب
أو بشهوة لدُنيا فانيه
نِخطي ونزيد الكُروب
ثُم نبدء جَلد ذاتنا
والبراح بيكون نتوب
ثُم نلقى الآيه واضحه
باينه بتنادي القُلوب
منكُم انتوا وبس تدعوا
ومني انا غَفر الذنوب
ياكريم وبدون نهايه
ويارحيم رغم القلوب
بالخراب مليانه لكن
رحمتِك ساتره العيوب
وانتا ياغفَار بطبعك
واحنا يامُدمِن ذنوب

ع الرصيف

ما قدرتش انصُب أو أكون
بياع كلام حريف يخون
ففرشت حِلمي على الرصيف
وهتفت أهلاً بالجنون
في بلاد غرامها وألف كيف
أبداً ماتفتحشي السجون
غير اللي جاري على الرغيف
وتدوب في عشق لمامه دون
حريف كلام ابن الحرام
وساعات إمام علم الدهون
يدهن في بُكرا تشوفو ايه؟
وتقوم تلاقي عليك ديون
وتلاقي نفسك ع الرصيف
تهتف يا أهلاً بالجنون

عُشاق الطعميه

طعميتك سُخنه
وريحتها قاتلاني
والصوت بيأسرني
والنغمه ندهاني
أول ما بتدندن
في الطاسه بالقاني
هايم وباندهلك
بالصوت وحياني
أقلي بقى يلا
واحشي رغيف تاني
وتزود السلطه
والطُرشي ياهاني
وطحينه مظبوطه
وكأن حلواني
هوا اللي عاملها
وضميرو رباني
طعميتك سُخنه
والقاصي والداني
هايم ويعشقها
ويقول كمان تاني

حلم الستر

حلم ناس زيك وزيي
بالختام كده مستورين
البنات في بيوت جوازهُم
والعيال مش مقهورين
في المنافي للُقمه صعبه
غير كتير المحبوسين
جوا حلم ببُكرا تُفرج
ع الرصيف متلقحين
والقهاوي خلاص زبونها
لأ ماعادش معجزين
بُص شوف وامسح دموعك
جيب وجيب في معددين
وافضل الطُم فوق صداغك
زيد كمان ع اللطم طين
عن بلاد وصبحنا فيها
سترنا كابوس لعين
وان حلمت جريمه كُبرى
وان نطقت تكون سجين
رغم انو حلم عادي
بالختام كده مستورين

جدار الصمت

ومابين صمتك وبيني
رحله ومليار جدار
واستنى ف يوم تهلي
يُشرُق فيا النهار
واغزل م الصبر حلمي
وافرد قلعي ف بحار
مالهاش ابداً نهايه
ولا بتحدد مسار
لوصولي فيوم لبرك
أو يضويلي الفنار
ترسى فيوم المراكب
وتهلي يكون نهار
يفتح للحلم طاقه
تمحي ف قلبي المرار
ومابين صمتك وبيني
يسقط مليار جدار

بيكا وفن العساكر

كُلو لازم يبقى تافه
والجميع يصبح هاموش
يبقى حِلمو بس لُقمه
كالغنم وماينطقوش
كُلُهم عبد البياده
ذوق ثقافه مايعرفوش
هوا دا أخر العساكر
فى الفنون مابيفهموش
فالثقافه فعل فاضح
عندُهُم ومايعرفوش
غير تمام تُأمُر يافندم
بعدها يايهمهوش
تسمع ايه ؟ أو تقرا حتى
و المُهُم ماتفهموش
أو يكون للذوق مكانه
فى الحياه وتصير فاشوش
رمزُهُم طبعاً يا بيكا
انتا والأستاذ شاكوش
والعباقره مجدي شطه
وكوم اسامي انا ما اعرفوش
واللي لسا كمان حييجوا
يندبوا ونُلطُم وشوش
ف احنا نستاهل ياساده
لما باعولنا الفاشوش
لما سبنا الكُل ينبح
لما قُلنا مايقدروش
يخربوا ذوقنا وفنونا
وقلتلك مابيغلبوش
ألف بيكا حيجي بُكرا
وألف شطه ومية شاكوش

وانسى بيرم وانسى سيد
وانسى فوزى وقول ماجوش
أو سمعنا ف يوم لرفعت
ولا بنا وجيل وحوش
علمونا الفن مُتعه
والسمع وماقصروش
لما يمحي النقشبندي
جوا صحرا الروح رتوش
م الوجع جواك ويِشدي
والدموع ماليه الوشوش
اللي بيهلل يسبح
واللي هايم ماتشفوش
إلا ساجد عالي همسو
همسو اقوى من العروش
والعساكر والسواتر
والدفاتر والكروش
واللى عيزينك مُجرد
شبه عبد وكُون هاموش
لاجل مايبقى العساكر
يحكموك يسقوك فاشوش
ف الطبيعى يبقى بيكا
فن والاستاذ شاكوش

مواليد حاجه وستين

ههههههههههههههه
ب العب فى الوقت الضايع
مواليد حاجه وستين
والشيب ملا راسي ولسا
نابت فى القلب حنين
رغم التلطيش م الدُنيا
وشراب دايم للطين
المروي بعرق الخيبه
والصبر ايام وسنين
واهم قال ايه! تتعدل
وتكون للمصريين
مصر المنهوبه تملي
والمرهونه لفاسدين
يسقونا المُر ونشرب
ايوه ف صحة ملايين
شابت فى الوهم ولسا
صاحيين نايمن حالمين
قال ايه مُمكن تتعدل؟
جميزهُم يطرح طين
لاعبين فى الوقت الضايع
شاربين ع الريق الطين

دينهُم الجديد

مطلوب انك تصدق
طبله ورق وصاجات
وكلاب ضَالّه ومُضِلّه
وغواني وراقصات
بتقول الدين دا لسا
ناقصو شوية حاجات
مطلوب تجديد ويلا
حنشِد السقالات
ف اعجِن واعجِن وليس
وإنده خَالتك زينات
تِضرَب حجرين وتفتى
بكلام ممجوج وهات
نبش ف كُتب التفاهه
وسواقط لرويات
معروف مين اللى قالها
مسموم الأُمنيات
فنسيب الدين ويلا
ونسيب كُتُب الثُقاة
أعلام الدين ودُنيا
والعالمين بالآيات
نسمع حبة غواني
وشوية راقصات
وكوهين يمسك فى دينو
دينو المليان حاجات
مايصدقهاش مُراهق
ولا يقدر ع السُكات
عن شُبهاتها الكتيره
ويشاركَك فى السُبات
يا ابو دين وفتحتو صاله
لغواني ورقاصات

ومالوش بالدين علاقه
ويادوب طبله وصاجات
وكلاب ضاله ومُضله
وغواني وراقصات

ومالوش بالدين علاقه
ويادوب طبله وصاجات
وكلاب ضاله ومُضله
وغواني وراقصات

أسامي

أشرف وشريفه وشرف الدين
وأسامي تخُض المُستمعين
تقراها تقول دا بلدناخلاص
مابقاش فيه رشوه وقِلة دين
تعاملهُم فجأه تشوف كُفار
والحِلم وحيد. جمع الملايين
ولافارق تيجي منين وازي
ولافارق حتى بينهش مين
فتعُض صوابعك تكتم غيظ
تكتم جواك وتشيل طين
علشان تتعامل مع أوساخ
فى الفعل واسم جابوه دا منين؟
أشرف وشريفه وشرف الدين
وتخُش تشوفها تقول عناوين
مكتوبه كيافطه وبس كلام
وتعاملو تشوف جواه ملاعيين
ماساكات ووشوش
حسب الموضوع
ومواقف ناسيه لأيها دين
والكُل يادوب شِلة أُوساخ
ملاعيين ملاعيين
وولاد ملاعين
ومُجرد بس أسامي وفخ
وتصدق يبقى نهارك طين

سولو

سولو وحدي خلاص عايشها
والحنين خلصان رصيدو
للحياه والناس وحتى
ل اللي كان نفسي ف بريدو
مَش ركون للذله لكن
حلمي مقطوع من وريدو
والوتر مابقاش بيعشق
لحني ومخاصم نشيدو
واللي مستنيه أوانو
لسا بدري ومواعيدو
طرحها مُش جاي قُريب
والأكيد نفضلي إيدو
والخريف حتطوول سنينو
والحزين مُش جاي عيدو
يبقى سولو ح اعيشها وحدي
والحنين خلصان رصيدو

كدابين مش فنانين

فين الكينج وفين (الهضبه
فينها نقابة الطبالين؟
على كم قِرد مشخصاتيه
وطنطك فيفي وشيخنا ياسين
ضحكوا عليك يا أهبل بكلامهم
وانتا لوحدك شِلت الطين
كُل غُناهم كان ع الفاضي
ومصر تغور والمصريين
هُما يعبوا فلوس فى زكايب
وانتا تسقف مع تايهين
كانوا فاكرين أغانيهم عنك
انتا وحلم المصريين
بالحُريه وعيشه هنيه
وفرحه تلِم كتير ملايين
من عُشاقها لأُم الدُنيا
وفجأه أديك بتشيل الطين
واقف وحدك ضد كورونا
ولا مليم من دى الملايين
واللى خدوها زمان بمزاجك
وانتا فاكرهم أبييه صادقين
فجأه خلاص ماعادوش بيغنوا
إلا لخزنه وكوم ملايين
ما افتكروش ولاقالوا نتبرع
بجنيه حتى لكوم عاطلين
وانتا لوحدك ضد كورونا
وانتا لوحدك شايل الطين
فين الكينج وفين الهضبه
وفينها نقابة الطبالين
واللى غُناهم كان سبوبه
وانتا الواهم قال عاشقين

يحيا العلم

يحيا المعمل
يحيا العُلما
ويحيا العِلم
مُش عُشاق الكوره وسهره
وحتة فيلم
أو رقاصه خليعه بذيئه
واخده الخِتم
وبتتمايل وبتترنح
واهل الظُلم
جوا كاساتهُم دمنا سايح
حاجه تغُم
وفلوس ضايعه على الهليسه
والحَق لِم
يا الطبال ويا الرقاصه
وطُز ف عِلم
يبني معامل
ولا مدارِس
ولا بِيهم
صِحه وبُكره وبعدو وبعدو
وأيام غُم
مُش ح تعدى ولا بتتسهِل
إلا بمعمل وعُلما وعِلم

تجليات كورونا

مع كُل رصيد فلوسك
وجيوش من طبالينك
وعوالم قايم نايمه
ترقيك تمسح جبينك
خُدام يستنوا أمرك
بشمالك وبيمينك
واهو فجأه بتستخبى
وتقول للستر فينك
من فيرس واستحاله
ممكن ح تشوفو عينك
لكن قالق منامك
بتقول للصبر فينك
مستنى لحد يعلن
ل لقاح يبدأ يعينك
لو ياخُد كُل مالك
أو يأخُد نن عينك

احنا الفُقرا ولاد الكلب

احنا الفُقرا ولاد الكلب
والواهمين ساكنين في القلب
لبلاد عاشقه يكون أسيادها
بس الفسَده هواة الحلب
حد مايخلص ضرعها كُلو
ومُفتي يقولك أمر الرب
ف اصبُر مشي أمورك طاطي
وخِف شويه سواد القلب
هانت بُكرا تخُش الجنه
وتنول كُل ماكُنت تحب
اما الدُنيا فليهُم هُما
وعارض بقى أحكام الرب
واصبح كافر ومالوش ديه
تمنك أرخص من موت كلب
واهتِف وادعي يدوم الساده
واهتِف وادعي ونادي يارب
واحنا يادوب بنعيشها تمني
وحالمين مره يخف الضرب
أو تتنشل الإيد الطاغيه
ونلمح شمعه ف أخر الدرب
ما احنا الفُفقرا ف وطن الساده
واحنا ياسيدي ولاد الكلب
دامت ليكم طارحه وشايله
دمتوا ياعم ودام الحلب
وعُمرو مايصعب حالنا عليكم
ولايوم مره يرق القلب

وِردنا ورد الغلابه

وِردِنا وِرد الغلابه
اللي هانوا وخاب أملهُم
فى المعايش فى الوظايف
فى الحياه حتى ف وطنهُم
واللي بيقضوها فُرجه
واللي باين كَسر عينهُم
ذُلّهم للكُل واضح
ع المعايش مين يعينهُم؟
واللي فحتوا الأرض عَزقوا
والغيطان تطرح لغيرهُم
والخزين فى بنوك سويسرا
من عرقهُم من طحينهُم
نصابين سرقوه وعلناً
صمتِنا الملعون يعينهُم
واللى باقى فكُل همسه
يلعن اللي ما لعنهُم
وِردِنا الدايم وأبداً
ربنا يخلصنا منهُم
ربنا يهِد الحكومه
ربنا يقرب أجلهُم
نصحى نلاقهُم سبايا
كُلهُم وعيال عيالهُم
نبقى مره خدنا تارنا
وانتهُم وارتحنا منهُم

كورونا للحكومه

الشعار تحيا الحُكومه
وفي القلوب يارب تولع
والكورونا تحِش فيهُم
عنُهُم أبداً مانسمع
غير قضايا وغير محاكم
والجميع مذلول بيركع
يبقى يوم مُمتع وجداً
واللي بعدو ح يبقى أمتع
كُلو فيهُم يبقى شامت
والجميع فى بلادي برطع
قام ينقطها لكورونا
ياسلام والمغنى لعلع
ياسلااااااام من غير حكومه
أو وزير يهبد وينتع
عن وعود خيبانه زيو
عن كلام ابداً ماينفع
بيه نسقى نسد جوعنا
أو ل هَم الدُنيا يشفع
ياشعار تحيا الحُكومه
وفى القلوب إياكشي تولع

فارس بلا مُهره

فارس بلا مُهره
من بعد طول تِرحال
خاسر فى مية جوله
ع الصهوه شِبه خَيال
وكسير بتتأسف
على أد كان خيال
فيه الكلام يطرح
فيه الغُنا يتقال
فجأه خلاص خِلصت
مابقتش فيك أمال
عُكاز بقى سيفك
وبتُمضُغ الموال
مابقيتش بيه تصدح
واتغيرت الاحوال
صِرت العدم نفسو
مابعد بعد مُحال
تكسب فى يوم جوله
أو ترجع الخيال
مابقاش ولا مُهره
ولا قُدره ع الترحال
عُكاز بقى سيفك
فيك انطفى الموال

مشيها انك كويس

مشيها انك كويس
مشيها الحال تمام
صَبَر نفسك وعافِر
وانطق عذب الكلام
حَلي المُره بودادك
واقفل باب الخِصام
ماتلومش على اللي باعك
وماتهواش الملام
وتغُض الطرف عنو
لكن ترمي السلام
وتقول للنفس طيبي
واهدي وشِد اللجام
ماتسيبش الحُزن ياكلك
واجعل صبرك إمام
وازرع جواك مدايين
طَير فيها الحمام
يملا الدُنيا بهديلو
ويدندن بالكلام
عن بُكرا الجاي شادد
حيلو وزايح الغمام
هامِس بيقولك اصبُر
بُكرا تنول المرام
ف اسنِد حلمك وعافِر
خَليك فارس هُمام
مشيها انك كويس
مشيها انك تمام

أهلاً سيد الشهور

أهلا هلِت روايحك
أهلاً سيد الشهور
فرحت بيك الشوارع
حوارينا ملاها نور
عَلَق مروان فانوسو
نادت تهتف بدور
ضرب المدفع يابابا
نادت تيته لزهور
ناولي التمرات لجدك
وافتح ياهشام ل نور
كان بيودي القطايف
لمرات عمك عاشور
ما اهو موسم خير وياما
فيه الأطباق تدور
وكريم رمضان وأكرم
منو الرب الغفور
اللي بفضلو وكرامتو
خلانا ليه حُضور
أهلاً شرفت أهلاً
أهلاً سيد الشهور
ياما اشتقنا لهلالك
ودعينا نكون حُضور
نفرح ونصُوم نهارك
وف تراويحك حُضور
نفتح قُرآننا نقرا
لحد ماييجي السحور
ندعي نصادفها ليله
وب الف من الشُهور
ندعي ونختم دُعانا
يقبل منا الغفور

ويفيض ع الأمه كرمو
يحفظها من الشُرور
ويمن عليها تنهض
يحفظها من الفُجور
وتعود أمنه وكريمه
عاليه ف عِزه وسرور
يهديها بدين مُحمد
يجعل أيامها نور

تركيزنا على المالديف

معلش يا عم شحاته
إنتا ومحمود وشريف
اتبطوا يا عم شويه
تركيزنا على المالديف
ده كلام لوزيرة الهجره
مش واحد هَفو الكيف
فضربلو سجارة بانجو
بيهرتِل بالتخاريف
ده كلام لوزيره ف بلدك
يا عديم الفهم يا ليف
يا فاكرهُم شايلين همك
وانك ع القلب خفيف
فبلاش تسأل عن إمتى
مُمكن ترجع يا ظريف
قلنالك تُصبُر ف أصبُر
ماتكونش ثقيل وسخيف
خُدلك قرنين مستني
أو تطلع ع المالديف
وساعتها يا عم نجيبك
إنتا ومحمود وشريف
وكتير عالقيين كده زيك
لكن مُش فى المالديف

رساله لكُل عالق

دي رساله لكُل عالق
في مَجره أو فَلَك
أنا ب اديك الخُلاصه
مُش عايز اصدعك
مصر العزبه الخصوصي
فماتفتحش الحنك
شخلل علشان يجيبك
وادفعلو يرجعك
ويرُدك م المنافي
والهم يودعك
حتقولو دي مصر أمي
والله مايسمعك
وان سمعك راح يطنش
كالعاده ويفقعك
يهمس هوا وصحابو
الله لايرجعك
ويسيبك بره مرمي
وان شا الله تتهلك
دا احنا ماصدقنا نخلص
منك ونسفرك
ونقول اهو غار فى داهيه
وتقولي نرجعك
هوا انتا يا أخي لزقه؟
م الصُغر لمكبرك
ف افهِم بقى دي الرساله
خلينا نرجعك
شخلل خليه يجيبك
ولبلدو يُرجعك
ما خلاص صبحِت كعزبه
وانا وانتا بنتهلك

لو قولنا دي مصر أمي
يجلدنا ونتفلك

نفطك مابقاش يساوي

وَدَع أيام نعيمك
وارجع شحات كريه
واتسول م التكيه
واتعشا اللي تلاقيه
وانسى تصيف في لندن
أو رحله لمونبيليه
وتطلع دين كفيلك
تلعن وتسِب فيه
وتعاملو كأنو عاله
أو عبد ومشتريه
رغم ان جدود جدودك
ياما اتحايلت عليه
جدو اللي اداه لجدك
عِلم وتطبيب وايه
خلاك تاكُل وتلبِس
تعرف كلمة جنيه
واول ما اشتد عودك
سددت السهم فيه
واهي بتدور الدواير
نفطك راحت عليه
بدأت رِحلِة هبوطك
ورينا ح تعمل ايه
نفطك مابقاش يساوي
حتى التنقيب عليه

الفساد في مصر أُمه

الفساد فى مصر أُمه
أُمه كامله وليها دين
دين ولُه مُفتي ومشايخ
لُه طُقوس ومُحللين
لُه كمان عُشاق بشده
لُه أحبه ومُخلصيين
لُه كمان مليون مُغني
ولُه ألاف المُطربين
والعواهر نازله تُرقص
غير بواقي مُمثلين
كدابيين زفه وحُثاله
والمُذيع والطبالين
لُه كمان شرع ومناهج
لُه أساتذه ومُبدعين
كُلهم شيخ الطريقه
وف غرامو المُنشدين
ياما بيقولوا القصايد
ياما بيوطوا الجبين
وان هَمست وقُلت فاسد
يبقى شوف حتروح لفين
الفساد يخفيك وقُسري
ثُم تُقتل فى الكمين
ويسبق اسمك كلب واطي
والجميع حيقول أميين
أيوه أرهابي ابن جزمه
هوا واهلو المُلعونيين
هوا مالو ومال فاسدنا
الفساد فى بلادنا دين
جاري مجرى الدم فينا
واحنا بيه المُغرميين

وعرفت ياعم مصري

وعرفت ياعم مصري
فين تتحط الفلوس؟
فى العلم والمعامل
مش فى الزفه وجلوس
على خوازيق اللي حاكم
وانتا بتدفع مكوس
يهبشها الكام حرامي
وتبات من غير غُموس
وتسلم كُل أمرك لعبيط
بدماغ جاموس
أو عرص مبخراتي
ساجد عمال يبوس
صورة ظالم بيُحكُم
ولاهماه النفوس
ونشيد عاشت بلادي
والبيت مليان ناموس
وتموت انتا وعيالك
ويعيش حبة لصوص
علني بيغتالوا حلمك
واهم تلقى الفانوس
وادعك وانتا ونصيبك
ونصيبك بس موس
ياتقطع بيه وريدك
أو رقبة دي اللصوص
اللي بتسجُد لغاصب
وتقولك وطي بوس
جزمة فاسد وسابك
بعد مالم المكوس
شيد بيها ف قصورو
وانتا ف مرضك تلوص

ف عرفت ياعم مصري
فين تتحط الفلوس
فى العلم وفى المعامل
واللي بيحيي النفوس

ياحُزن في عهد الشاويش

وكأنها مكتوب لها
تحزن فى عهدك ياشاويش
أمجاد مافيش
بطولات مافيش
وكمان مافيش الأكل عيش
مصر الخرابه الضلمه
فى عهود الشاويش
أبو رُتبه عاليه
نقول مُشير
ودماغ يادوب بمُخيخ شاويش
سجنِت ولادها وحلمها
وقالت مافيش
في ولادي حد يحبني
غير الشاويش
من يومها واحنا مافيش فرج
ولاحلم قام وطلعلو ريش
غير بس صورك فى الميدان
يادي الشاويش
فاشخ فى ضبك مبتسم
وشعار يعيش
مكتوب وحبرو دمنا
احنا المافيش
غير بس نهتف كُلنا
يحيا الشاويش
بعد اما نرجع م العزا
وندفن شاويش
كان رُتبه عاليه على الورق
ومُخيخ شاويش
غرقنا سابنا ف همنا
واهو جاي شاويش

37

نرجع ونُمضُغ همنا
ونقول مافيش
فكأنها مكتوب لها
تحزن فى عهدك ياشاويش
أمجاد مافيش
بطولات مافيش
وكمان مافيش الأكل عيش
والباقي بس من البلد
يادوب أفيش

نشرة أخبار كورونا

نَشرِة أخبار كورونا
واتفرج ياسلام
كاتبها الصول مجاهد
ماضي الرائد حُسام
بتقول الوضع عادي
وكمان أخر تمام
أعداد معقوله جداً
بيفصلها النظام
مُش اكتر 150
وان زاد حنقول كلام
بيقولوه العوازل
والواد عبد السلام
حُسادِك يا أمُ بدوي
انتي وشِلِة كِرام
بيحاولو يطمنونا
بس احنا ولاد لئام
قال ايه؟ عايزنها نشره!
بالظبط وبالتمام
مظبوط عدد اللي ماتوا
أو كام عيان وكام
اتعالجوا من الكورنا
والحمد الله تمام
وده طبعاً شئ خيالي
ولابيحبو النظام
ف انتا مُجرد حُثاله
عايش هنا والسلام
مسموح تُحكم ياعره
لكن تنطق حرام
وتسقف دي الوظيفه
وتناقش بالحزام

39

وكمان بالجزمه عادي
وتبوس رِجل النظام
وتقول ع النشره حلوه
صادقه وأخر تمام
ويعيش الصول مجاهد
يحيا الرائد حُسام

الأزمه في النظام

الخيبه ف مصر باينه
واضحه ومن غير كلام
والكُل ف مصر عارف
حتى عديم العلام
ومعاه عبد البياده
مع عُشاق الحرام
رشوه وبرشام وبانجو
وحشيش وكتير سخام
ومُثقف خان أمانتو
أو شيخ زوق كلام
الكُل بعينو شايف
متأكد م الكلام
الأزمه فى مصر واضحه
جداً أزمة نظام
مهما نحاول نداري
مهما نذوق كلام
خيبة مصر التقيله
والدايمه ف دا النظام

طب والجامع قافل ليه؟

وادى تاوضروس قَدِس علنى
طب والجامع قافل ليه؟
والبلاغات عن مين بيصلى؟
فيوم الجُمعه قبضنا عليه
هل علشان سي تاوضروس محمي؟
والجربان ما قدرش عليه؟
ولا الدوله دي خايفه علينا
والنصراني ف داهيه يابيه؟
ولا عشان مشايخنا بتفتي
حسب الباشا ماقالها أيه؟
واعلى مافيهُم ربو الكُرسي
وان الحاكم نن عينيه
خايف جداً على أحاسيسو
ومايقدرش يبوق فيه
والقُرأن والسُنه مطيه
كوبري وكُلو يعدي عليه؟
من خُدام حُكام ملعونه
أما الشرع فسهل يابيه
طب والجامع؟ يوم الجُمعه؟
ما احنا معانا الرُخصه الايه
يقفل عادي بأمر الباشا
والقُداس؟ لأ دا نخليه
يوم الجُمعه ف وقت صلاتهُم
واللي يصلي؟ قبضنا عليه
والقُداس بقى عادي نذيعو
أما المُسلم يعمل ايه؟
عاجبو يصلي فبيتهُم ماشي
أما الجامع سُك عليه
طب خلوها فيوم الجُمعه
حتة خُطبه ودعوه يابيه

واللي يصلوا ناخُد بطايقهم
ويعقمهُم سيدنا البيه

الشعب النايم

الشعب النايم طول عُمرو
ب يجيب حُكام
يدوه بالجزمه على دماغو
ويقول ياسلام
ويحزم وسطو يقوم يُرقُص
ويقول دا تمام
يتذل عشان حتة لُقمه
ويلاقها كلام
ووعود من حاكم مدهونه
بيادوب أوهام
وكلام عن بدأت تتسهِل
ولا فى الاحلام
والباقي يادوب كده كم خطوه
ونكون قُدام
وحنعمل غنوه عن الحاكم
وكتير أفلام
والمجد يكون ماتشات كوره
ونزيدها سخام
والعِلم يغور يلا ف داهيه
واديها كلام
عن لازم نسجِّد للحاكم
ونصير خُدام
ماهو احنا الشعب بتاع أمو
والبابا كمان
وسعادتو لقانا بدون همه
قالك دا تمام
أحلامي الخالده بتتحقق
واحكُم نيام

اللي ماقدرتيش يادُنيا

اللي ماقدرتيش يادُنيا
تعمليه عملو الحبايب
واللي عِشت العُمر كُلو
قلبي عاشقهُم ودايب
واهم ان يوصونوا ودو
وانهُم عز الحبايب
فجأه ادينى لوحدى راجع
ع الطريق والشعر شايب
بانتِحب وبالوم فى نفسي
قلبي يهمسلي ياخايب
وائد الأحلام في قلبي
والحنين للدُنيا غايب
م الهوى نفضت إيدى
م المحبه وم الحبايب
ف اللي ماقدرتيش يادُنيا
تعمليه عملوا الحبايب

الشلولو

يا اُم مايكل يا اُم شحته
يا اُم مينا
قومي يا اختي وهزي طولك
قومي يا اختي وفرجينا
الشلولو كيف عمايلو
اطبُخيلنا ودوقينا
واغرفيلنا يا حجه منو
هوا دا اللي حيداوينا
يلعن اللحمه وسيرتها
والفراخ بنت اللذينا
مُش علاج ولا ليها فايده
ف الشلولو حيداوينا
قالها عالِم سرو باتع
حد من أفهم مافينا
دكتوراه فعلم الشلولو
فرع ينى بتاع أثينا
ف اشخُوريلو يا ام مايكل
صحي شحته وصحي مينا
والجميع يُشخُر بشده
للعبيط ابن اللعينه
واللي عايشها شلولو
بُرمجي ومطلوق علينا
واللي فينا يكفي قاره
فيسيبونا ل اللي فينا
والشلولو ياخدوا هوا
هوا وسلالتو اللعينه

سكتوا المعرصين

بطلوا التعريص شويه
وارحموا الشعب اللي جايع
واحجروا ولاد الغوازي
واللي مش مانعها مانع
يرحمونا م السفاهه
والتفاهه وكُل صايع
واللي فاهم نفسو عالِم
م المُخنث واللي مايع
صدعونا بدي الرساله
م اللي صاحي وم اللي هاجع
عن مُسلسل رمه جايف
عن برامج لونها فاقع
عن سي عمر وتُقل دمو
وابن موسي ابو دم ساقع
طبالينكُم راقصينكُم
مُش أهم من الجوامع
مُش أهم من الكنايس
والمدارس والمصانع
كُل إعلامكُم زباله
كُلكُم مذلول وتابع
ف اقفلوها وارحمونا
والفلوس دي تروح لجايع

الخروج للمسجونين

مسجونين علشان كرامتك
مُش أداب ولا مُدمنين
ولاباعوا حشيش لأبنك
ولافن رخيص لعين
مسجونين علشان بلدهُم
مش طُغاه ولا مُجرمين
ولافيهُم حد صايع
أو عميل لولاد كوهين
ولا فرط يوم في أرضك
باع جُزُر وطا الجبين
أو حيتان يوم مصوا دَمَك
أو حُثاله وطبالين
رقصوا يوم على قبر فقرك
أوسابوك موحول فى طين
من وراك مابنوش عماير
أوقصور وسابوك حزين
تشكي فقرك ل اللى عارف
بس عامل ودن طين
كُلُهُم علم وثقافه
م اليسار لاقصى اليمين
فنانين كُتاب وعُلما
واقتصاد ومُهندسيين
مُش فى سجن عشان نهيبه
ولاكانوا مُرتشين
لكن التُهمه اللي جاهزه
أصلو إخوان مُسلمين
أو يساري أوشيوعي
فالمُهم يكون سجين
لستة التُهم العتيقه
إلا كلمة مؤمنين

بالبلد دي واللى فيها
وانُهُم م المُغرمين
عاشوا فيها وحلموا ليها
وبترابها معجونين
فى السجون علشان وطنهُم
ويشوفوك رافع الجبين
يبقى زيك زي غيرك
م اللي فيها مريشين
بس بالعدل وكرامه
مش خضوع ولاكسر عين
يبقى لازم من خروجهُم
والخروج صار فرض عين
ف اهتف انتا وقول معانا
الخروج للمسجونين
واللي دخلوا السجن لاجلك
مش لصوص ولامجرمين
دخلوا بس عشان بلدهُم
ويشوفوك عالي الجبين

كدابين مش نجومك

كدابين
كدابين دول مش ولادك
مش نجومك
مش خزينك للصعاب
دول حُثاله يمصوا دمك
والهُروب وقت الخراب
كُلهُم ناحل فى وبرك
كُلهم نسل الدياب
وان تعبتي وقُلتي يا انا
عندُهُم مافيش جواب
غير منين؟ دا احنا غلابه
فقرانين فاضي الجراب
واحنا عُشاقك ياسمرا
لو ف يوم المانجا طاب
لما تبقى الدُنيا هيصه
زفه فاضيه لانتخاب
كدابين ويمُصوا دمك
هُما وشوية كلاب
يقلبوكي اردغانه
للمعارف والصحاب
يبقى كُل مافيكي ليهُم
هُما نجمِك والسحاب
واول الأيام ماتقلِب
يهربوا وليكي الخراااااب
والنجوم فيكي الغلابه
واللي قلبوا عليكي داب
تجلديه فى ليل سجونك
تمنحيه طوول الغياب
وتناديه يافقري عيني
ع المصايب والصعاب

بعد ماهربت نجومك
بالخزين فضوا الجراب
واكتشفتي مين نجومك؟
مين خزينك؟
مين رصيدك فى الخراب؟

من طنطا للصين

وانا من اوضه حقيره ف طنطا
ب ادعي عليكوا ياأهل الصين
بعد ماقُلت خلاص حاتشبرق
والجمعيه من أم حسين
لما اقبضها انا حاطبع صوره
وارسم قلب وفيه سهمين
وانزل ابايع تاني الريس
مع عباس وأديب وكوهين
وأحمد موسى يقوللي براوه
ومُصطفى بكري يقوللي يازين
وافضل اكايد اي اخوانجي
هوا وناس حاقدين كارهين
بيعطلوا مسيرتنا العُظمى
بعد ماكُنا خلاص طالعين
هوبا وفوق وخلاص على مظهر
قصدي البيه ووراه ماشيين
نبني كتير أوهام وكوارث
مع أحلام تجديد الدين
يُطلع صيني معفن ياكُل
خُفاش ني نشيل الطين
يكشف كُل سراب أوهامنا
ويطلع كُلو عجين فى عجين
لا احنا بقينا ف أد الدُنيا
ولا ماسكات وصابون لاقيين
لكن لأم ريجيني بنبعت
يمكن ترضا عن القاتلين

مصر هيا أُمو

مصر هيا أُمو
أُمو هوا بس
أبو الواسطه جامده
واللي عايشها دانس
واللي رصيدو سامح
واللي ديانتو هَلس
واللي يوماتي قايم
فينا بيدي درس
عن جنات كتيره
ساكنه خيالو بس
ويمجد فى حاكم
ظالم وابن عرص
واحنا ولاد جواري
مالناش فيها حِس
غير يادوب بندعي
بس دُعانا همس
والأحلام بعيده
مابتجيش بهمس
لازم يعلا صوتنا
والأوغاد تحس
يصبح خيرها لينا
مُش ليهمُ وبس

حيسيبوك لكورونا وحدك

اللي جاي ليالي صعبه
والعساكر حيسيبوك
حيسيبوك كالعاده وحدك
زي جدك زي ابوك
هُما وشوية زباله
كانوا ياما بيخدعوك
عشموك انك معاهُم
فى النهايه بيرجموك
ويسيبوك لكورونا وحدك
تنتحِب ولايرحموك
تترمي فوق كوم زباله
جُثه هامده ويحرقوك
اللي ياما رقصت ليهُم
واتخاصمت مع ابن ابوك
لما قالك دول حُثاله
جاي وقتك حيبيعوك
زي ماباعوه لجدك
زي ماخدعوه لابوك
واللي جاي ليالي صعبه
وللكورونا حيسيبوك

لو ماكُنتش م العساكر

لو ماكُنتش م العساكر
يبقى ياخيبتك فى مصر
تبقى منسي تبقى مُهمل
تبقى عُرضه لأي كسر
أي حد يهين كرامتك
يبقى حالك كُلو عُسر
وان نطقت يِحِل رجمك
جتتك ينهشها نِسر
سهل تتلبس مية قضيه
والقضايا ماليها حصر
م الخيانه للعماله
للمؤامره فكُل عصر
لانك انتا سبب خرابها
وانتا كاره كُل نصر
والحلول طبعاً نهايتك
واختفاء ويقولوا قسر
وان ماكُنتش م العساكر
يبقى ياغمك فى مصر
تسكُن انتا ف شِبه عشه
يبنوا هُما ألف قصر
يخدموا عيالك تنابله
م اللي لابسه كاب بنسر
(والحلول انك (مواطن
أو تكون عايش في ستر
يامناسبهُم أو قريبهُم
أو مصدق أي فشر
عن حنانهُم عن شرفهُم
عن محبتهُم لمصر
وانتا ودرجتك معاهُم
وانتا والمسموح فى مصر

كون غفيرهُم كون قاضيهُم

كون ضمير ميت وكُفر

ف ان ماكُنتش م العساكر

تبقى لأ مُش ابن مصر

تبرع لكورونا

قلبِت الأحلام بكارثه
وانتا فى الصبار بتنقع
والوعود الكاذبه ولِت
عُمرها ما ف يوم بتنفع
ياما قالولك بيكدب
وانتا بتعاند ماتسمع
قالك انتُم نور عينيا
وانتا واهم يوم حيشفع
ذِلتك طول انكسارك
للئيم يِوصِل مايقطع
واللي كان واعدك بجنه
جاي بيقولك تبرع
مد إيدو ف جيبك انتا
وقالك انتا يافقري طلع
ساب عساكرو
وساب لصوصو
ينهبوك وانتا اللى تدفع
وان نطقت وقُلت فاضي
يزنُقك ويقولك اقلع
هات قميصك بنطلونك
أي حاجه وكلو ينفع
دا اللي كان واعدك بجنه
جاي بيقولك تبرع

اللقطه طلياني

سمعني بونجورنو
فصباحنا طلياني
بعديها بونسيرا
واشكُر وعيد تاني
ف الليل اهو مطول
والحُزن طال ياني
والعره ب يجامل
من جيبي اه ياني
وادي الدوا طاير
رايح لطلياني
والشعب دا ف داهيه
عنو ماعاش تاني
وابعت ياعم ابعت
واللقطه طلياني
ولاحد بيحاسب
ولاحد قال جاني
بيموت الفُقرا
ويداوي طلياني
أصل المريض مصري
مُش أصلو طلياني
بونجورنو يادماغي
بونسيرا ياجناني

بُكائيه يوميه

ل اللي لسا العشق فيهُم
وبالبلد دي مؤمنين
إننا نوصل لحاجه
أو نظول نملا الإيدين
حتى لو بحفان نخاله
ولا هدمه ولُقمتين
ثُم نتعكز ونمضي
بس مش معروف لفين
ثم يخلص بُكره برضو
ومن وراه تخلص سنين
والأمل قافل بيبانو
ع الي بس الموعودين
واللي وارثين البلد دي
واحنا مين؟ المؤمنين
إننا نوصل لتُربه
ويدفنونا المُحسنين
صدقه منهُم ل اللي كانوا
بالبلد دي مصدقين

وخلاص مابقيتش اعاتب

وخلاص مابقيتش اعاتب
ولافاضي اشتاق لحد
اللي حيهتم أهلاً
وحاقابلو بكُل ود
وافرشلو الورد يدخُل
والحُضن مالهوشي حد
واسقيه من وِد قلبي
وحازيد ع الود ود
ويكون عربون محبه
وحنين مالوهش حد
وح أكون في الفرحه عونو
ووراه في الحُزن اسِد
لكن للناسي ودي
والله ماعندي رد
ح اشغل نفسي بهمومي
وح احُط لشوقي حد
واكتم بوحي وحنيني
مع شوق فاق كُل حد
واهمسلي خلاص ياقلبي
إياك تستنى رد
مابقاش فيه لازمه لينا
ولا لازمه لأي حد
عاشق للناس ودايماً
زارع بساتينو ورد
ف الناس صبحت مصالح
مُش فارق شوق وود

المحتويات

طارق التريري

يحيا العلم

تجليات كورونا

احنا الفُقرا ولاد الكلب

وِردنا وِرد الغلابه

كورونا للحكومه

فارس بلا مُهره

مشيها انك كويس

أهلاً سيد الشهور

تركيزنا على المالديف

رساله لكُل عالق

نفطك مابقاش يساوي

الفساد في مصر أُمه

وعرفت ياعم مصري

ياحُزن في عهد الشاويش

نشرة أخبار كورونا

الأزمه في النظام

طب والجامع قافل ليه؟

الشعب النايم

اللي ماقدرتيش يادُنيا

الشلولو

سكتوا المعرصين

الخروج للمسجونيين

كدابين مش نجومك

من طنطا للصين

مصر هيا أمو

حيسيبوك لكورونا وحدك

لوماكُنتش م العساكر

تبرع لكورونا

اللقطه طلياني

بُكائيه يوميه

وخلاص مابقيتش اعاتب

Don't miss out!

Visit the website below and you can sign up to receive emails whenever طارق التريري publishes a new book. There's no charge and no obligation.

https://books2read.com/r/B-A-KEUT-WEBZB

BOOKS2READ

Connecting independent readers to independent writers.

Did you love دم الحُسين by طارق Then you should read فارس بلا مُهره؟
التريري!

من سلسلة الأعمال الكامله للشاعر طارق التريري والمنشوره في سلسله من 16 ديوان

Read more at tarqablog.blogspot.com.

1. https://books2read.com/u/mZQlYe

2. https://books2read.com/u/mZQlYe

About the Author

منشوراتي

في بلاد الأي حد

قلبي اللي عشقك

إنفصامستان

وجع القصيده

كُل العساكر كدابين

الصُبح في بلادي

شباكي الفاتح

سُلطان العاشقين

قُليل لما باشتاقلي

دوايرك

دم الحُسين

على باب الله

صباح القُدس

عند باب الحلم

لماكانت مصر دوله

ذكريات الميدان
التُهمه عربي

Read more at tarqablog.blogspot.com.